SZAKÉRTŐ TANÁCSADÓI ÉS FOREX KERESKEDÉSI STRATÉGIÁK

Emelje a következő szintre Szakértő Tanácsadói és Forex Kereskedési stratégiáit

Wayne Walker

© Copyright 2018 by Wayne Walker, Minden jog fenntartva.

Ez a könyv azzal a céllal íródott, hogy a lehető legpontosabb és legmegbízhatóbb információkat nyújtsa. Szükség esetén szakemberekkel kell konzultálni, mielőtt az itt javasoltakra vállalkoznánk.

Ezt a nyilatkozatot mind az Amerikai Ügyvédi Kamara, mind a Kiadói Szövetség Bizottsága tisztességesnek és érvényesnek tartja, és jogilag kötelező érvényű az Egyesült Államok egész területén.

Továbbá az alábbi művek bármelyikének továbbítása, sokszorosítása vagy reprodukálása, beleértve a pontos információkat is, illegális cselekménynek minősül, függetlenül attól, hogy elektronikusan vagy nyomtatásban történik. A jogszerűség kiterjed a mű másod- vagy harmadpéldányának vagy rögzített másolatának elkészítésére is, és csak a Kiadó kifejezett írásbeli hozzájárulásával engedélyezett. Minden további jog fenntartva.

Az alábbi oldalakon található információk a tények valósághű és pontos bemutatásának tekinthetők, és mint ilyen, a kérdéses információknak az olvasó általi figyelmen kívül hagyása, felhasználása vagy helytelen felhasználása az ebből eredő bármilyen cselekményt kizárólag az ő felelősségük alá vonja. Nincsenek olyan esetek, amelyekben a kiadó vagy e mű szerzője bármilyen módon felelősnek tekinthető bármilyen nehézségért vagy kárért, amely az itt leírt információk vállalása után érheti őket.

Tartalomjegyzék

Bevezetés

Ez a könyv bővíteni fogja kereskedési ismereteit, ahogy elmélyedünk a programozott kereskedés világában és a fejlett stratégiákban mind a forex, mind a részvények esetében. A könyvem célja, hogy gyakorlatias és hasznos kereskedési információkkal lássam el Önt. Nincsenek vad és hihetetlen történetek, amelyekkel Ön és más olvasók gyakran találkozhatnak a pénzügyi szakirodalomban. Inkább olyan érdekes dolgokat osztok meg, amelyeket kereskedés közben tapasztaltam, és betekintést nyújtok abba, hogyan működnek a dolgok valójában.

Befektetőként vagy kereskedőként egy bizonyos ponton találkozik olyan online hozzászólásokkal, amelyekben a "legjobb kitörési stratégia" szerepel. Találni fog olyan kutatási cikkeket és könyveket is, amelyek a különböző stratégiák átlagos hozamát magyarázzák, és statisztikákat közölnek róluk. Mi történik, ha felteszi magának a kérdést, hogy "működhet-e?", majd elkezdi a tesztelési folyamatot. Kereskedőként fontos tudni, hogy a szimulált eredményeket hogyan számítják ki, és arra is szüksége lesz, hogy a lehető legpontosabbak legyenek. Folytassuk néhány különböző stratégia és kereskedési rendszer tesztelését.

Az első három fejezet formátuma egy kereskedelmi kaland formáját ölti, ahol egy stratégiát mutatok be, tesztelek és végül finomítunk rajta.

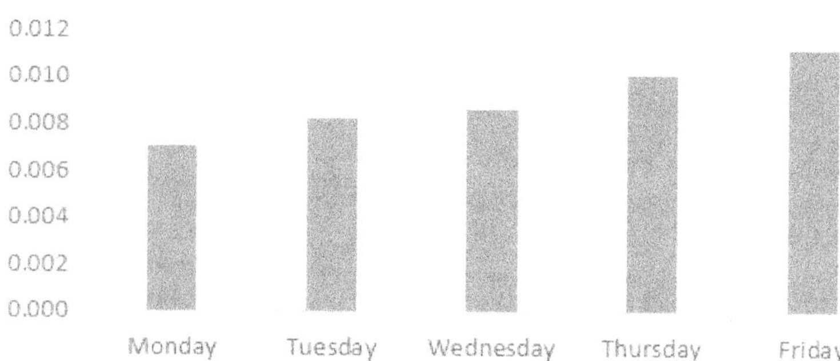

Daily High - Low
0.012
0.010
0.008
0.006
0.004
0.002
0.000
Monday
Tuesday
Wednesday
Thursday
Friday

1. Fejezet:
A hét napja anomália

Kutatások kimutatták, hogy a részvények és más piacok pénteken nagyobb mozgást mutatnak, mint hétfőn. Ennek teszteléséhez 2001-2016 közötti adatokkal rendelkezünk. Körülbelül 80/20 arányú felosztást fogunk alkalmazni, ahol a 80% a mintában lesz, a maradék pedig a mintán kívül.

Megjegyzés: Mintán belül - Mintán kívül: Ez a statisztika nyelvén a legtöbb esetben azt jelenti, hogy "múltbeli adatok felhasználásával előrejelzéseket készítünk a jövőre vonatkozóan". A "Mintában" a rendelkezésre álló adatokra utal, a "mintán kívül" pedig azokra az adatokra, amelyekkel nem rendelkezünk, de előrejelzést vagy becslést szeretnénk készíteni.

A jel

Kezdjük a nyári időszámítással, ami megköveteli, hogy eltoljuk az időbeállításokat. A Forex a tesztünk fő piaca. Volt egy kis vita arról, hogy melyik napszak lenne optimális a kereskedéshez, ragaszkodjunk-e az európai, a New York-i vagy az ázsiai ülésszak zárásához. Hogy a dolgok viszonylag egyszerűek maradjanak, csak a napi nyitáskor fogunk vásárolni, és a pozíciókat a következő nap nyitásáig tartjuk.

A hét napja hatás pénteken: pénteken 00.00 órakor vásárolunk és hétfőn 00.00 órakor eladunk. Ez kötelez minket arra, hogy figyelembe vegyük a hézagot (hétvége), de nem tartjuk ezt nagy problémának. Az időpont sem lehet jelentős tényező, mivel a valódi volatilitás kiváltó okok akkor vannak, amikor a piac nyitva van. Ezért ha péntek este nem zárunk, hanem hétfőig tartjuk, annak nem lesz észrevehető hatása, mert a piac nem mozog, amikor zárva van.

Adatok

A mintán belüli időszakunk 2001.01.01.-2011.12.31., a mintán kívüli időszakunk pedig 2012.01.01.-2016.06.01. Az eszköz, amellyel kereskedni fogunk, az EURUSD.

Alapvető stratégia

Csak az alapstratégiával kezdünk, a paraméterek változtatása nélkül. A stratégia szerint a pénteki 00.00 óra utáni első pillanatban vásárolunk, és a hétfői első ármozgáskor (00.00) adunk el. A nyári időszámítás miatt volt némi problémánk az idővel, ezért úgy döntöttünk, hogy csak a pénteki első pillanatokban vásárolunk. Ez valami más, mint amit a korábbi tanulmányok szolgáltattak, amelyek az excel vagy bármely más program segítségével mérik az átlagos árváltozás mértékét a nyitás napjától a zárásig (másnapi nyitás). Tick-adatokat és egy szimulátort használunk, amely a valós kereskedési környezetet szimulálja, hogy a lehető legpontosabb eredményt kapjuk.

Megjegyzés: Tick: A tick egy értékpapír árfolyamának minimális felfelé vagy lefelé irányuló mozgását jelöli. A tick az értékpapír árfolyamának kereskedésről kereskedésre történő változására is utalhat.

Első eredmények

Kezdetben nem vettünk bele semmilyen „stop-loss" vagy „take profit" mutatót, csak futtattuk a szimulációt. Mi sem változtattunk a stratégián, a tesztelési időszakunk 2005.01.01. – 2016.08.26. volt.

Az eredmények a következők voltak:

Results	
Average profi	-1.57
Sum profit	-897.84
Winning trade	297
Total trades	572
Standard dev	96.55
Relnumber	-0.39

Az eredmények csalódást okoztak, a teljes nyereség -897 volt. Nyilvánvaló, hogy az alapstratégia némi finomhangolásra szorul az eredményeink javítása érdekében.

A Trend Szűrő Exponenciális Mozgóátlag hozzáadása

Alkalmazzuk a trend szűrőt a következők szerint: 20 EMA, 60 EMA, és 100 EMA. Az exponenciális mozgóátlag (EMA) egy olyan típusú mozgóátlag, amely hasonló az egyszerű mozgóátlaghoz, azzal a különbséggel, hogy nagyobb súlyt kapnak a legfrissebb adatok. Exponenciálisan súlyozott mozgóátlagként is ismert. Ez a fajta mozgóátlag gyorsabban reagál a legutóbbi árváltozásokra, mint az egyszerű mozgóátlag. Egyesek számára ez véletlenszerűnek tűnhet, de ezt a szűrőt a napok száma miatt választottuk.

20 EMA = 20 kereskedési nap egy hónapban

60 EMA = 60 kereskedési nap, tehát három hónap

100 EMA = 100 kereskedési nap, tehát öt hónap

Trend szűrő: 20EMA>60EMA>100EMA

Az ábra ezt a trendszűrőt szemlélteti:

Láthatja, hogy csak akkor nyitunk kereskedést, ha a 20 EMA (zöld színű) a 60 EMA (sárga színű) felett van, és a 60 EMA a 100 EMA (piros színű) felett van. Használhattam volna csak a 20 EMA>100 EMA-t, de ez több volatilitást vagy hamis belépési jelzést eredményezett volna. Azt akartam, hogy mind a hosszú távú (60 EMA>100 EMA), mind a rövid távú (20 EMA>60 EMA) trendek kiemelkedőek legyenek.

A következő eredményeket kaptuk:

	Average profit	Sum profit	Winning trade	Total trades	Standard dev	Relnumber
The Basic Strategy	-2	-898	297	572	97	-0.39
20EMA>60EMA>100EMA	6	1832	178	322	86	1.19
20EMA<60EMA<100EMA	-12	-1831	68	147	103	-1.47

Két vagy több rendszer összehasonlításához nem elég csak a nyereséget vizsgálni. A profit ugyanis csak az egyik mutató. Ugyanilyen fontos a kereskedések száma és a volatilitás. Nincs értelme, ha egy rendszerben csak egy nagy vagy néhány nyereséges kereskedés van, és sok veszteség. Az a néhány nyereséges kereskedés lehet véletlenszerű, és olyan ritka, mint a fehér holló, ami nagy valószínűséggel nem fog megismétlődni a jövőben, ezért nem akarunk túl nagy varianciát. Ennek a kifejezésnek a képlete a következő:

$$Rel = \frac{Average\ profit}{Standard\ deviation\ of\ profit} * \sqrt{\#\ of\ trades}$$

Általában jobb hozamot várhat egy sok kereskedést tartalmazó stratégiától, mint egy kevés kereskedést tartalmazótól. Összefoglalva, minél magasabb a Rel szám, annál jobb a kereskedési rendszer.

Az egyik dolog, amire következtethetünk, hogy a felfelé irányuló szűrő alkalmazásával jobb hozamokat érünk el, mint az alapstratégiával. A másik, hogy ez a stratégia jobban működik felfelé irányuló piacon, mint lefelé irányuló piacon, negatív hozamokat értünk el lefelé irányuló piacon. Trendszűrővel nagyobb Rel számot kaptunk.

Volatilitás szűrő

Véleményünk szerint a volatilitás is fontos mutató. A volatilitás folyamatosan változik, így a közelmúltbeli volatilitás összehasonlításának is lesz értelme. Összehasonlítjuk a 10 napos átlagos tartományt az 1 napos átlagos tartománnyal. Ez lehetővé teszi számunkra, hogy lássuk a túlzott volatilitást és az ellenkezőjét. Ezeknek a beállításoknak a használata ugyanaz, mintha a mai volatilitást az elmúlt 10 kereskedési nap (két hét) átlagos volatilitásához hasonlítanánk.

A következő eredményeket kaptuk:

	Average profit	Sum profit	Winning trade	Total trades	Standard dev	Relnumber
The Basic Strategy	-2	-898	297	572	97	-0.39
20EMA>60EMA>100EMA	6	1832	178	322	86	1.19
20EMA<60EMA<100EMA	-12	-1831	68	147	103	-1.47
ATR(1)>ATR(10)	-2	-356.74	73	143	82	-0.4
ATR(1)<ATR(10)	12	2188.62	105	179	88	1.9

Az eredmények azt mutatták, hogy a csütörtöki **túlzott volatilitás** tönkreteszi ezt a stratégiát, vagyis ha az előző csütörtökön a tartomány meghaladja az elmúlt két hét volatilitását, az rossz a stratégiának. Ha azonban ennek az ellenkezője igaz, a tartomány kisebb, mint az elmúlt tíz nap átlagos tartománya, akkor pénzt fogunk keresni ezzel a stratégiával. Nem baj, ha nem érti meg azonnal, később ez világosabb lesz. Egyelőre csak annyit kell tudnia, hogy egyértelmű, hogy ez a stratégia akkor működik jól, ha **felfelé ívelő trend van**, és **a volatilitás kisebb,** mint az előző két hétben. Befektetőként vagy kereskedőként akkor fog vásárolni, amikor látja, hogy az EURUSD rövid és hosszú távon is emelkedő trendben van. Azt is láttuk, hogy javítottunk a Rel számon, kevesebb kereskedést végeztünk, de növeltük a nyereséget. A volatilitás csökkenése növelte a Rel számunkat, ami jó. Ne feledjük, hogy nem akarunk hazardírozni, csak akkor akarunk kereskedni, amikor az megfelelő számunkra. A Rel számunk 1,19-ről 1,9-re javult.

Szerencsejáték vagy befektetés kiszámított kockázattal = Stop-loss!

Én személy szerint kerülöm a stop-loss nélküli kereskedést, tudnom kell, hogy mit kockáztatok az egyes kereskedéseknél. A személyes képletemet használva úgy gondoltam, hogy a megfelelő stop-loss ehhez a stratégiához 50 pip. Az eredmények:

A stop-loss bevezetése csökkenti a volatilitást. Láthatja, hogy javítottunk a Rel számon és csökkentettük a nyertes kereskedések számát. A Rel szám növekedése azt jelenti, hogy több olyan kereskedés is volt, amely több mint 50 pipet mozgatott ellenünk, mielőtt újra nyereségbe kerültünk volna. Ez számomra a szerencsejátékhoz hasonlít, inkább kizárnám az ilyen kereskedéseket, és 50 pipnél állítanék be stop-loss-t.

Pozícióméretezés és fix % kereskedésenként

Hajtott már végre valaha is egy kereskedést anélkül, hogy figyelembe vette volna, hogy ha a saját tőkéjének egy meghatározott százalékát meghaladóan veszít, akkor le kell zárnia a kereskedést? A kereskedésben ez nem ajánlott, soha nem nyitok kereskedést a kockázat kiszámítása nélkül. Most rátérünk a fix százalékos kereskedés fogalmára. Ez az, ahol a tételméret a stop-lossunk és az 1%-os kockázattűrő képességünk függvénye lesz. Több kockázatot vállalunk, ha a saját tőkénk nő, és kevesebbet, ha a saját tőkénk csökken.

A pozícióméretezéssel növeltük az össznyereségünket, de a részvénygörbénk volatilitását is növeltük, így a Rel számunk egy kicsit csökkent. Inkább a pozícióméretezést venném figyelembe, minthogy a magasabb Rel-számra támaszkodjak.

	Average profit	Sum profit	Winning trade	Total trades	Standard dev	Relnumber
The Basic Strategy	-2	-898	297	572	97	-0.39
20EMA>60EMA>100EMA	6	1832	178	322	86	1.19
20EMA<60EMA<100EMA	-12	-1831	68	147	103	-1.47
ATR(1)>ATR(10)	-2	-356.74	73	143	82	-0.4
ATR(1)<ATR(10)	12	2188.62	105	179	88	1.9
50 pips SL	11	2024.08	87	179	66	2.3
Position sizing	13	2280	85	179	77	2.22

Tőkegörbe a mintában pozícióméretezéssel

Mintán kívüli vizsgálat

A mintán kívüli vizsgálatot a 2012.01.01. – 2016.08.01. közötti időszakban végeztük.

	Average profit	Sum profit	Winning trade	Total trades	Standard dev	Relnumber
The Basic Strategy	-2	-898	297	572	97	-0.39
20EMA>60EMA>100EMA	6	1832	178	322	86	1.19
20EMA<60EMA<100EMA	-12	-1831	68	147	103	-1.47
ATR(1)>ATR(10)	-2	-356.74	73	143	82	-0.4
ATR(1)<ATR(10)	12	2188.62	105	179	88	1.9
50 pips SL	11	2024.08	87	179	66	2.3
Position sizing	13	2280	85	179	77	2.22
Out of sample	5	189	19	37	49	1

Tőkegörbe a mintán kívül

Az eredmények nem voltak annyira ígéretesek, 189 összegű nyereséget kaptunk, a kezdeti tőke 10.000 USD volt, így ez 1,89%-os megtérülésnek felel meg. Kaptunk egy kisebb Rel számot is, ami nem túl jó. A kapott 289-es maximális veszteség jóval az összegszerű nyereség felett volt. Nyilvánvalóan elégedetlen voltam ezekkel az eredményekkel.

Összefoglaló

Számos lépést tettünk a Hét Napja stratégia javítása érdekében. Azt azonban biztosan állíthatjuk, hogy nem fog pénzt keresni, ha az alapstratégiába a tranzakciós költségeket is beleszámítja. Ez a stratégia felfelé ívelő piacon működik a legjobban. Tapasztalt kereskedőként úgy gondolom, hogy az időkeret lehet a probléma. A stratégia nyereségesebb lehetett volna, de nem adtunk neki elég időt.

Az 50 pipes stop-loss elég, de a másik oldalon hétfőn zártuk a kereskedésünket, függetlenül az eredménytől. További finomításra van szükség. Ugyanazt a belépési stratégiát megtartjuk, de a kereskedés menedzselésének másnak kell lennie. Amikor ezzel a stratégiával kereskedünk, akkor be kell építenünk egy „take profit" függvényt a heti volatilitás vagy a „trailing stop" függvényünkbe. Ezeket a szükséges fejlesztéseket a következő fejezetekben látjuk majd.

2. Fejezet:
Első finomítás:
A hét napja hatás stratégia

Továbblépünk, hogy elvégezzük az első módosítást a Hét Napja hatás stratégiához az előző fejezetből. Amire rámutatok, mint a Hét Napja Hatás gyengeségére, az a hagyományos kereskedési mód. Ez a gyengeség az, hogy hétfő reggel lezárjuk a kereskedést, mert még akkor is vállalunk némi kockázatot, ha stop-loss-t használunk. Ha azonban nem adunk elég időt a kereskedésnek, akkor nem fogjuk elérni a maximális lehetséges nyereséget. A kereskedés egyszerű, de tiszteletben tartott szabálya, hogy "csökkentsd a veszteségeidet, és hagyd futni a nyereségedet".

Miután megvizsgáltam a stratégiát, rájöttem, hogy csak azért hozott pénzt, mert volt néhány jó kereskedésünk, amelyek egy nap alatt 300-400 pipet mozogtak. Sajnos ez ritkán fordul elő, és sok olyan veszteséget tartalmaz, amit nem szeretnék a portfóliómban látni. Most látni fogjuk a tőkekülönbséget néhány különböző kereskedési módot használva, a belépési jelünk ugyanaz marad. Látni fogja azt is, hogy miért fontos a volatilitás figyelembevétele a tervezésben.

Módszer

Ugyanezzel a kereskedési jelzéssel dolgozunk, de pénteken nyitunk 20EMA>60EMA (ezúttal kizártuk a 100 EMA-t). A tétel mérete 0,1 lesz, a számla kezdőegyenlege pedig 10.000 USD. A hétfői záró nyilatkozatot eltávolítjuk, és csak egy stop-loss és take-profit van. Felosztjuk az adatokat, mintán belüli és mintán kívüli adatokra. A mintán belül optimalizáljuk a különböző paramétereket, majd egy mintán kívüli tesztet végzünk, hogy lássuk, jól működik-e az optimalizált stratégia. A mintán belüli adataink tartományát is növeljük 1990.01.01. – 2012.01.01. Szoros stop-loss, trailing stop és breakeven értéket fogunk használni, ezt a módszert *No Vols-nak* neveztük el, mert a volatilitást nem fogjuk figyelembe venni egyik tesztben sem.

Stop-Loss és Take Profit

Stratégiánk optimalizálta a stop-loss és take-profit értékeket 100 és 600 között, hogy lássuk, hogy az eredmények helytállóak-e. Az optimális stop-loss értéke 400, a take-profit pedig 600 lett. Összesen 86.413-as profitot és 7,09-es Rel számot kaptunk, amit még nem tudunk összehasonlítani, mert ebben a tesztben további 11 évnyi korábbi adatot vontunk be. Ezt más kereskedéskezelési módszerekkel kell kombinálni, és megnézni, hogy melyik a legjobb a kereskedés végrehajtása után. Amit össze tudunk hasonlítani, az az átlagos nyereség, ez 138-ra nőtt, ahol a korábbi tesztben nem volt több, mint 2,2, csak azért, mert hagytuk, hogy a kereskedésünk tovább fusson.

Methode	Average profit	Sum profit	Total # of trades	Winning # of Trades	Standard deviation of profit	Rel #
Only SL & TP	138 $	86,413	357	626	486.8007082	7.09

Grafikon, amely csak a stop-loss és a take-profit értékeket mutatja. Itt és más grafikonokon: SL=Stop Loss és TP=Take-profit

Stop-loss, Take-profit és Break-even

A legtöbb kereskedő ismeri a break-even (fedezeti pont) kifejezést. Ez az, amikor módosítjuk a kiszállási pontokat, amikor a piac egy bizonyos összeget az Ön javára mozdult el, ez szerepelt a stratégiánkban. A break-even azért jó, ha van, mert ha nem használja, fennáll annak a kockázata, hogy miután nyereséget ért el, veszteséggel fejezi be a kereskedést. Láttunk 71,480 USD nyereséget és 6,99 Rel számot, egy kicsit kisebbet, mint a break-even használata nélkül. Csökkentette a részvénygörbe volatilitását, de csökkentette a nyereséget is, ami azt jelenti, hogy néha megálltunk, mert a stop-lossunkat a break-evenre változtattuk, így ez egy kompromisszum a kockázat/nyereség között, csökkenti a kockázatot, de kevesebb hozamot is eredményez.

Methode	Average profit	Sum profit	Total # of trades	Winning # of Trades	Standard deviation of profit	Rel #
Only SL & TP	138 $	86,413	357	626	487	7.09
SL & TP & Breakeven	114 $	71,480	428	626	408	6.99

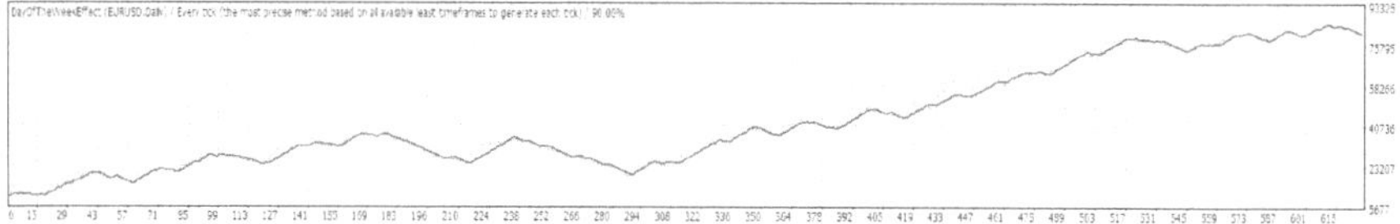

A saját tőkét ábrázoló grafikon a break-even függvénnyel is egy kicsit simább részvénygörbét eredményez

Stop-loss és trailing stop

 Ebben a stratégiában mozgóátlagokat használtunk, akkor kötöttünk üzleteket, amikor a piac emelkedő trendben volt. Fontos, hogy emlékezzen a kereskedői mondásra: "csökkentsd a veszteségeidet, és hagyd futni a nyereségedet". Jó, ha van stop-loss, de egy előre meghatározott take profit korlátozza a nyereségünket egy emelkedő trendben, mert nem tudjuk pontosan, hogy milyen magasra fog menni. Ezért ki kellett zárnunk a take profitot, és helyette egy trailing stop funkciót kellett beépítenünk. Az átlagos nyereségünket kereskedésenként 350-re, a nyereségünket 213 636-ra, a Rel számunkat pedig 9,89-re növeltük. Amikor a break-even funkciót is bevontuk, csak 151 194 nyereséget és 8,20 Rel számot kaptunk, ami alacsonyabb volt, mint amit csak a stop-loss és a trailing stop használatával kaptunk. A jövőben nem fogom beépíteni a break-even funkciót ebbe a stratégiába. A megállást a közelmúltbeli magasabb mélypontok alatt fogjuk követni.

Methode	Average profit	Sum profit	Total # of trades	Winning # of Trades	Standard deviation of profit	Rel #
Only SL & TP	138 $	86,413	357	626	487	7.09
SL & TP & Breakeven	114 $	71,480	428	626	408	6.99
SL & TP & Trailingstop	350 $	213,636	305	610	875	9.89
SL & TP & Breakeven & Trailingstop	242 $	151,194	425	626	737	8.20

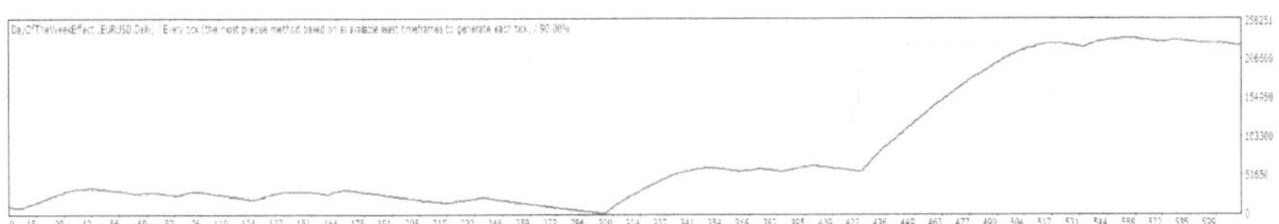

Csak stop-loss és trailing stop funkcióval rendelkező részvénygörbét mutató grafikon

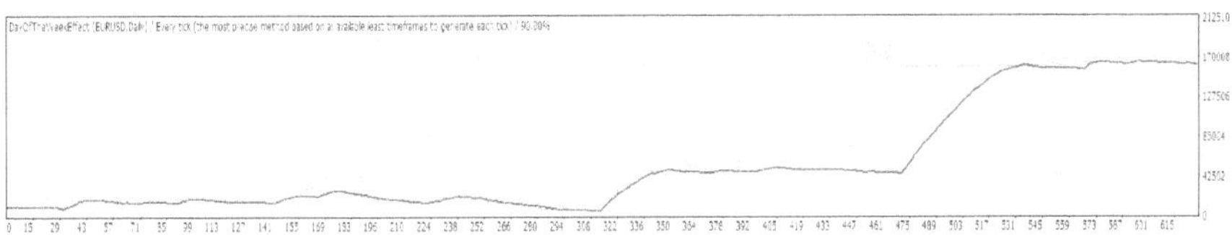

Csak stop-loss, break-even és trailing-stop funkcióval rendelkező részvénygörbét mutató grafikon

Mintán kívüli vizsgálat

A mintán kívüli vizsgálati időszak 2012.01.01.01 – 2016.09.01. volt. Kiábrándító eredményeket tapasztaltunk. Pontosabban, elvesztettük az összes kereskedési tőkénket és megálltunk. Kereskedőként szeretnénk tudni, hogy az eredményeink a jövőben is érvényesek lesznek-e. Tudjuk, hogy vannak különböző módok a kereskedések kezelésére, amelyek javítják az eredményeinket.

A volatilitás nagyon fontos. Az EURUSD kereskedések 2014 óta egy tartományban mozogtak, ezért nem szabad az azt megelőző időszakban optimalizált stop-loss és take profitot használni, egyik kereskedelemirányítási eszköz sem dinamikus vagy érvényes a volatilitás figyelembevétele nélkül.

Methode	Average profit	Sum profit	Total # of trades	Winning # of Trades	Standard deviation of profit	Rel #
Only SL & TP	138	$ 86,413	357	626	487	7.09
SL & TP & Breakeven	114	$ 71,480	428	626	408	6.99
SL & TP & Trailingstop	350	$ 213,636	305	610	875	9.89
SL & TP & Breakeven & Trailingstop	242	$ 151,194	425	626	737	8.20
Out of Sample	-127	$ (9,770)	22	77	216	-5.16

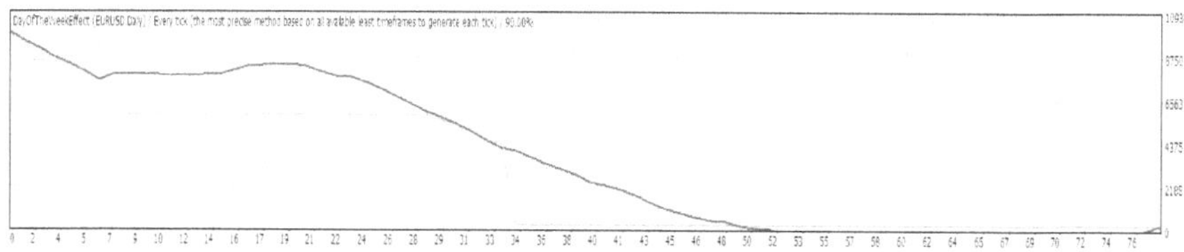

Mintán kívüli vizsgálati eredményeket mutató grafikon

Összefoglaló

Megmutattuk a különböző kereskedéskezelési stílusok fontosságát és a volatilitás jelentőségét a stratégiánkban. A jelenlegi piac eltérhet attól a piactól, amely a tesztidőszakunk alatt volt érvényes. Az EURUSD volt a tesztünk alanyaa, és a háttérben 2013-ban az amerikai és az európai részvénypiacok történelmi csúcsokon álltak, az emberek összeomlást vártak, vagy ürügyet, hogy ez a devizapár kilépjen a folytatási mintából. A párra vonatkozó kereskedés egy szűk sávban működött, és a piaci szereplők kitörést akartak elérni akár felfelé, akár lefelé.

Fontos szem előtt tartani, hogy stratégiája kudarcot vall, ha nem veszi figyelembe a piac volatilitását. Ha napi szintű kereskedést folytat, és 20 pipes stop-loss-t és 100 pipes take profitot használ, de azt látja, hogy a napi tartomány átlagosan 60 pip volt, akkor soha nem fogja elérni a take profitot. Ha trendstratégiája van, soha nem fogja elérni a kereskedés teljes potenciálját, ha csak take profitot használ, sokkal jobb, ha a stopot a legutóbbi csúcs vagy mélypont alá húzza. Láthatja a részvénygörbe grafikonján, ahol csak stop-loss és trailing stop volt a kereskedés első felében, nem sok nyereséget értünk el. Ez azért van, mert akkoriban a tartomány nem volt olyan széles. Ezért a csak take profit és stop-loss használata nem fog optimális eredményt hozni. Az egyik alternatíva az, hogy minden hónapban újra optimalizáljuk a paramétereket az előző évi vagy negyedéves adatok felhasználásával. Én inkább volatilitás alapú paramétereket használok.

3.Fejezet:
A hét napja hatás: a volatilitás bevezetése

z előző fejezetekben a Hét Napja hatás anomáliára és annak javítására összpontosítottunk. Folytatjuk a stratégia továbbfejlesztését a volatilitás bevezetésével. Minden kereskedő egyetért abban, hogy a volatilitás dinamikus, folyamatosan változik, néha túlzott volatilitásunk van, máskor pedig csökkenés. Ha akkor optimalizálja a stratégiáját, amikor a piacon túlzott volatilitás van, majd a kereskedés végrehajtásakor csökken a volatilitás, akkor nagy valószínűséggel nem fogja elérni a take-profit szintet. Ehelyett azt fogja tapasztalni, hogy gyakran a stoppokba, vagyis a kiszállási értékeibe fog ütközni. Fontos, hogy a kockázati és jutalékszintek az aktuális piaci volatilitás függvényei legyenek. Közvetlenül a Brexit előtt például a GBPUSD a szokásos ármozgási mintázatánál sokkal többet mozgott. Azért láttunk túlzott volatilitást, mert a legutóbbi szavazás előtt számos egymásnak ellentmondó és gyakran zavaros hír jelent meg. Ha Ön, mint napi szintű kereskedő 20 pipes stop-lossal kötött volna egy kereskedést, gyakran tapasztalhatta volna, hogy a kereskedése elérte a stop-lossot, majd a stop-loss elérése után gyorsan visszafordult. Korábban megmutattuk, hogy milyen rossz eredmények születhetnek, ha nem számoltunk a volatilitással. Most megmutatom, hogy milyen különbségek születhetnek, ha a volatilitást is beleveszi a kereskedési stratégiájába.

Módszer

A Hét Napja Hatás stratégiánkat megtartva, a kereskedést péntek első tickjén nyitjuk meg. A tesztelt pár ugyanaz, mint az előző példákban használt EURUSD. A mintában szereplő tesztidőszakunk: 1990.01.01. – 2012.01.01. A kezdő egyenleg 10.000 USD lesz, a kereskedésenkénti összeg pedig 0,1 lot. Egy változtatást fogunk végrehajtani a belépési jelünkben az előző próbánkhoz képest. Korábban említettük, hogy ez a stratégia egy trendstratégia, más szóval akkor vásárolunk, ha a trend felfelé mutat. Ez mind a hosszú, mind a rövid távú trendekre vonatkozik. Kereskedőként tudjuk, hogy ez sok stop-loss végrehajtást is eredményezhet nekünk, ha a piac túllendül. Ha csak belépünk és a piaci árfolyamon vásárolunk, akkor az egy tartományban lesz, és ez általában rossz hozam-kockázat arányt ad a legutóbbi csúcshoz képest. Ezért jobb a visszahúzódásoknál vásárolni, mert akkor nagyobb a távolság az előző csúcshoz képest, és jobb a hozam-kockázat. A végrehajtás a következő: a hosszú távú trend 20 EMA-nk a 60 EMA felett van, azonban a rövidebb távú trend az 5 EMA a 20 EMA-nk alatt van. Péntek van, megnyitottuk a kereskedést a beállításainkkal. Nem vakon vásároltunk, **hanem** a visszahúzáskor, ahogy a tapasztalt kereskedők szeretik. Kevesebb kereskedésünk lesz, de ez jó.

Dinamikus Stop-loss és Take-profit

A stop-loss és take-profit értékeket az aktuális volatilitás függvényében állítottuk be. Ez azt jelenti, hogy az aktuális volatilitás szerint fog beállni, majd optimalizáltuk a különböző paramétereket. A következő eredményeket kaptuk:

Method	Average profit	Sum Profit	# of winning trades	# of total trades	Standard deviation	Rel number
SL & TP	26.0	4497	98	173	234	1.46

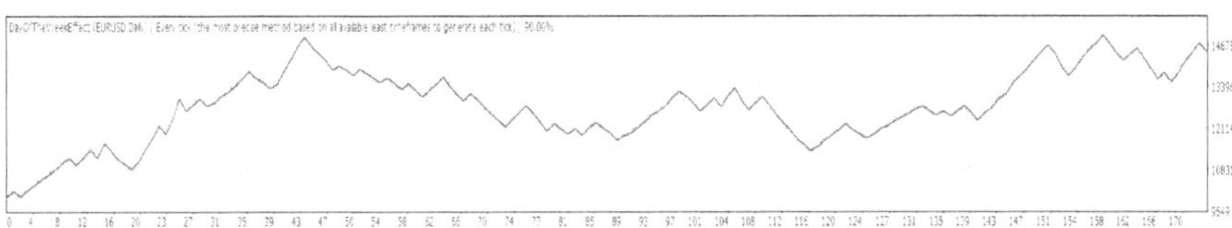

A részvénygörbét csak a volatilitás stop-loss és take-profit használatával bemutató grafikon.

Teljes nyereségként 4,497-et kaptunk a tesztidőszak alatt és a Rel szám 1,46 lett, míg az átlagos nyereség 26.

Dinamikus Stop-Loss, Take-Profit és Break-Even

Most bevezetünk egy break-event (fedezeti pont), amely az aktuális volatilitás függvénye lesz, és ezzel az átlagos nyereséget 33,9-re, az össznyereséget 5687-re, a Rel számot pedig 2,05-re növeltük. Csökkent a részvénygörbe volatilitása, és néhány vesztes kereskedésünk is nyerő kereskedéssé vált a break-even hozzáadásával. Ezzel a funkcióval a belépési árunk felett is zároltunk némi nyereséget.

Method	Average profit	Sum Profit	# of winning trades	# of total trades	Standard deviation	Rel number
SL & TP	26.0	4497	98	173	234	1.46
SL & TP & Breakeven	33.9	5867	108	173	218	2.05

A részvénygörbét mutató grafikon, amely csak a volatilitás stop-loss, take-profit és break-even használatával mutat egy simább részvénygörbét..

Trailing stop

Amikor a trailing-stopot az előző alsó csúcs alatt használjuk, akkor valamivel az előző értékek minimuma alatt leszünk. Ezt az előző alsó csúcs és a stop-loss közötti távolságot a legutóbbi volatilitás függvényében is be fogom vezetni. Lényegében nincs stop-lossunk, hagyjuk, hogy a trailing-stop végezze el a munkát, ezzel a következő eredményeket láthatjuk:

Method	Average profit	Sum Profit	# of winning trades	# of total trades	Standard deviation	Rel number
SL & TP	26.0	4497	98	173	234	1.46
SL & TP & Breakeven	33.9	5867	108	173	218	2.05
Trailing stop	87.4	15119	68	173	370	3.11
Trailing stop + Breakeven	95.8	16572	90	173	360	3.50

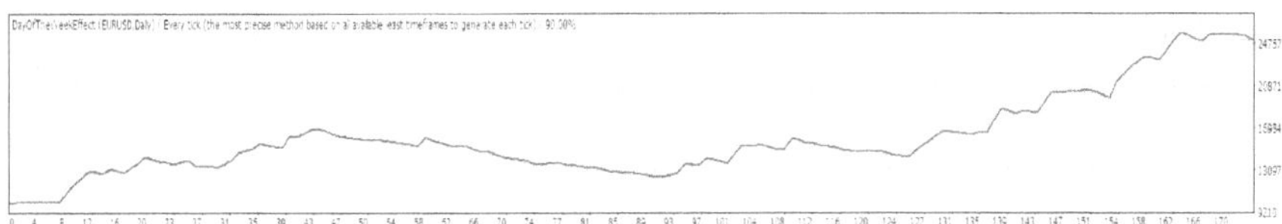

A részvénygörbét mutató grafikon, amely csak trailing-stoppal rendelkezik

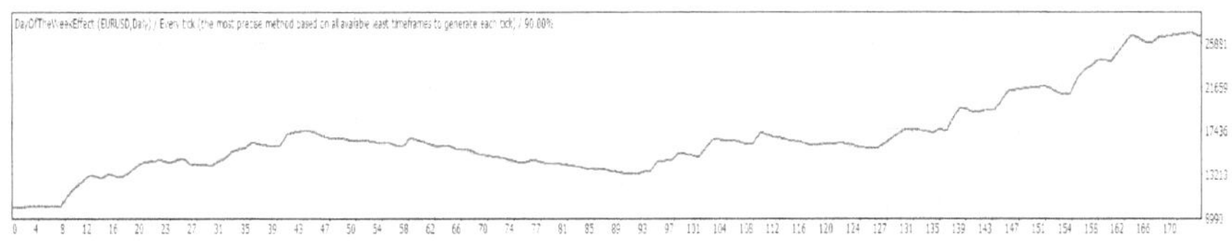

A tőkegörbét bemutató ábra, amely csak a követési-stop és a nullszaldó görbét mutatja be

Látjuk, hogy a trailing-stop használatával majdnem megháromszoroztuk az átlagos hozamot, de kevesebb a nyereséges kereskedés. Összességében 15, 119-re nőtt a teljes nyereség és a Rel szám 3,11-re nőtt, ami javulást jelent. Ezután bevezettünk egy break-even függvényt, ahol a piac mozgása után zártunk némi nyereséget, ez is a volatilitás függvénye. Növelte a nyereségünket és a Rel számot 3,5-re, ami észrevehető különbség. Legutóbb, amikor bevezettük a break-even funkciót, rosszabb eredményeket kaptunk, mint amikor kihagytuk. Ezúttal, amikor a break-even a volatilitás függvénye, jobb eredményeket kaptunk. Ami azonban fontosabb, az a mintán kívüli eredmények.

Mintán kívüli vizsgálat

A stratégiát finomítottuk, és a cél az, hogy optimalizáljuk a mintaadatokra vonatkozóan, és jó mintadatokat kapjunk. A mintán kívüli adatok a 2012.01.01. – 2016.09.01. közötti időszakra vonatkoznak.

Method	Average profit	Sum Profit	# of winning trades	# of total trades	Standard deviation	Rel number
SL & TP	26.0	4497	98	173	234	1.46
SL & TP & Breakeven	33.9	5867	108	173	218	2.05
Trailing stop	87.4	15119	68	173	370	3.11
Trailing stop + Breakeven	95.8	16572	90	173	360	3.50
Out of sample test	37.3	1232	20	33	185	1.16

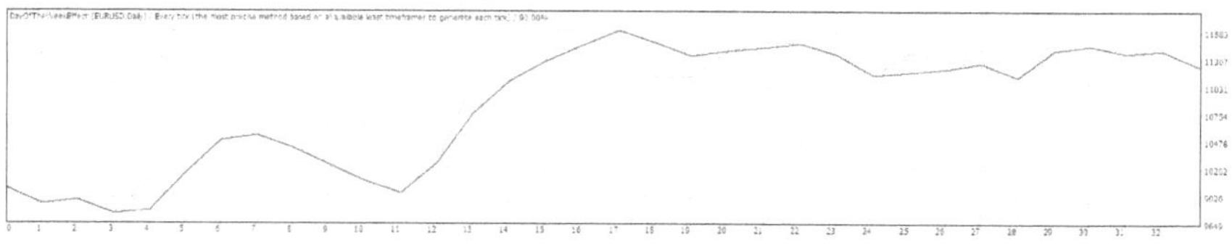

A mintán kívüli vizsgálatot bemutató grafikon

Összesített profitnak 1,232-et kaptunk, és a Rel szám 1.16 lett, illetve 33-ból 22 kereskedés volt nyereséges. Tulajdonképpen elégedett vagyok az eredményekkel, mert a pár annak ellenére, hogy 2014 elején csökkenő tendenciát mutatott, végül az év vége felé ingadozott. Ez a felfelé irányuló stratégia ugyanazon a szinten maradt a tartományhoz kötött időszakban, ami jó. Többször előfordul, hogy azokban az esetekben, amikor a piac egyik hangulatból a másikba megy át, az emberek általában hatalmas veszteségeket tapasztalnak. Mi azonban többnyire szinten maradtunk, és csak elenyésző részben voltunk veszteségesek.

Összefoglaló

Ezen a módszeren már nem sok mindent kell változtatni vagy beállítani. Itt az ideje, hogy eldöntsük, használható-e a Hét Napja hatás stratégia. Az én következtetésem az, hogy használható, és még mindig érvényes, de nem a régi módon, ahogy a kereskedők használták a kereskedések kezelésére. Használnia kell a break-eveneket, és rögzítenie kell némi nyereséget, amikor a kereskedelem az Ön irányába mozdul el. Láttuk, hogy amikor nem vettük figyelembe a volatilitást, sokkal jobb eredményeket kaptunk a mintában. Ezután az összes pénzünket elvesztettük a mintán kívüli időszakban, amikor nem vettük figyelembe a volatilitást. Amikor azonban optimalizáltuk a volatilitás figyelembevételét, elfogadható mintán kívüli eredményeket kaptunk.

Nem ajánlom senkinek, hogy minden pénzét egy párra tegye fel. Lényeges, hogy a kockázatot nem korreláló devizapárok és nem korreláló értékpapírok között diverzifikálja. Ezért ha az egyik devizapár ingadozik, nem sok pénzt hoz vagy veszteséget termel, a másik felfelé ívelő trendben lesz. Az ingadozó pár vagy értékpapír veszteségeit ellensúlyozza a trendben lévő devizából/értékpapírból származó nagyobb nyereség. Lefuttattam ezt a stratégiát, megpróbáltam különböző napokon vásárolni, *hétfő, kedd, stb., ugyanazokat a beállításokat használtam a kereskedések kezelésére, azt az eredményt kaptam, hogy a péntek volt a legjobb nap a vásárlásra egy emelkedő trendben lévő piacon.

4. Fejezet: Milyen reális nyereséget lehet megcélozni a piacon?

Amikor sokan elkezdik a kereskedést, köztük én is, gyakran azt halljuk, hogy ez egy jó módja annak, hogy rövid időn belül pénzt keressünk. Kifejlesztettem néhány stratégiát, és kezdetben jól teljesítettek, de könnyen átfordultak hatalmas veszteségekbe. Az ilyen típusú eredmények esetén könnyű arra a következtetésre jutni, hogy valami baj lehetett a stratégiával. Egy alkalommal havonta 20 százalékos hozamot értem el, ami azt jelentette, hogy hat hónapon belül megdupláztam a tőkém. Néhány hónapban még 30%-os hozamot is elértem.

Bármennyire is jó volt a hozam, a drámai visszaesés azt jelezte, hogy a dolgok messze nem voltak tökéletesek. Ezután elindultam egy küldetésre, hogy megpróbáljam kideríteni, mik a határok és mik a reális hozamok. Hol kezdjem? Olvassak fórumokat? Nem igazán, ezek általában tele vannak nem ellenőrzött emberekkel, akik azzal hencegnek, hogy egy hónap alatt megduplázták a pénzüket stb. anélkül, hogy hozzáférést biztosítanának a kereskedési adataikhoz. Sajnos még a kereskedelmi adatokat is meg lehet hamisítani.

Szerettem volna megtudni, hogyan teljesítenek más szakemberek, összehasonlítva az én eredményeimet az intézményi kereskedők eredményeivel. Ezek azok az emberek, akik bőkezű fizetést és bónuszokat kapnak azért, hogy a nagy befektetési alapok és bankok megbízásából kereskednek/fektetnek be.

Kutatási céljaim eléréséhez olyan hasznos eszközök állnak rendelkezésre, mint a Barclay Currency Traders Index és a Barclay Systematic Traders Index. Ezek több mint 400 hosszú távon auditált szisztematikus és manuális devizakereskedő eredményeit követik nyomon.

Szisztematikus kereskedők

Év	Hozam	Év	Hozam	Év	Hozam
1980	-	1993	8.19%	2006	2.10%
1981	-	1994	-3.18%	2007	8.72%
1982	-	1995	15.27%	2008	18.16%
1983	-	1996	11.58%	2009	-3.38%
1984	-	1997	12.76%	2010	7.82%
1985	-	1998	8.12%	2011	-3.83%
1986	-	1999	-3.71%	2012	-3.20%
1987	63.01%	2000	9.89%	2013	-1.10%
1988	12.22%	2001	2.99%	2014	10.32%
1989	1.18%	2002	12.09%	2015	-2.92%
1990	34.58%	2003	8.71%	2016	0.32%[†]
1991	13.37%	2004	0.54%		
1992	3.25%	2005	0.95%		

[†] Estimated YTD performance for 2016 calculated with reported data as of October-21-2016 12:08 US CST

At a Glance from Jan 1987

Compound Annual Return	7.56%
Sharpe Ratio	0.34
Worst Drawdown	22.07%
Correlation vs S&P 500	-0.04
Correlation vs US Bonds	0.11
Correlation vs World Bonds	-0.04

Az éves nyereség 1987 óta 7,56%.

A devizakereskedők

At a Glance from Jan 1987

Compound Annual Return	6.54%
Sharpe Ratio	0.32
Worst Drawdown	15.26%
Correlation vs S&P 500	-0.02
Correlation vs US Bonds	0.13
Correlation vs World Bonds	-0.02

Year	Return	Year	Return	Year	Return
1980	-	1993	-3.33%	2006	-0.12%
1981	-	1994	-5.96%	2007	2.59%
1982	-	1995	11.49%	2008	3.50%
1983	-	1996	6.69%	2009	0.91%
1984	-	1997	11.35%	2010	3.45%
1985	-	1998	5.71%	2011	2.25%
1986	-	1999	3.12%	2012	1.71%
1987	29.56%	2000	4.45%	2013	0.87%
1988	4.28%	2001	2.71%	2014	3.35%
1989	18.89%	2002	6.29%	2015	4.65%
1990	57.74%	2003	11.08%	2016	0.25%[†]
1991	10.94%	2004	2.36%		
1992	10.27%	2005	-1.21%		

[†] Estimated YTD performance for 2016 calculated with reported data as of October-21-2016 12:08 US CST

A devizakereskedők 1987 óta 6,54%-os éves nyereséget értek el.

A legjobb tőkealap nyereség/maximális veszteségének értéke 1 volt, de az összes tőkealap átlaga 0,5 volt. Ez azt jelenti, hogy a "nagyfiúk" is a hozam kétszeresét kitevő árfolyam eséseket tapasztaltak. Hosszú távú szemlélettel összességében nyereségben voltak.

5. Fejezet: Rövid távú gyors növekedés vs. hosszú távú lassú növekedés

A piacon való működés két módját fogjuk megvizsgálni, a rövid távú, gyors növekedést és a hosszú távú, lassú növekedést. A gyors növekedés mozgatórugója a nagy tőkeáttétel, amelyhez a kereskedők hozzáférhetnek a piacokon. Ez a tőkeáttétel lehetővé teszi, hogy sokkal nagyobb piaci kitettséggel kereskedjen, mint amekkora pénzeszközökkel a számláján rendelkezik. Ez azt is jelenti, hogy további kockázatoknak is kiteheti magát, egyesek szerint akár úgy is mondhatjuk, hogy szerencsejátékot játszik. A tőke teljes elvesztésének kockázata magas lehet. A megnövekedett kockázattal párosul a gyorsabb növekedés lehetősége. A második megközelítés olyan stratégiák kidolgozása, amelyek kisebb nyereséget, ugyanakkor alacsonyabb kockázatot biztosítanak.

Az első megközelítést (gyors és nagy kockázatú) sokan úgy tekintik, hogy ez tőkével való szerencsejáték, és rendszeresen magas a kudarc aránya. A siker, ha mégis bekövetkezik, nagyrészt a véletlen szerencsének köszönhető, és általában nem tart jelentős ideig. A gyors és nagy kockázatot vállalóknak csak egy kis százaléka ér el anyagi hasznot.

Néhányan azok közül, akik jelentős nyereséget érnek el a kezdeti nagy kockázatú vállalkozásukkal, a sikerüket kihasználva később alacsonyabb kockázatú módszerekkel kereskednek, hogy ebből a tőkéből éljenek. Azonban, mint említettük, a tőke teljes elvesztésének kockázata magas, a siker valószínűsége pedig alacsony. Azt javaslom, hogy törekedjen a tőke fokozatos felépítésére, alacsony kockázati stratégiával, hogy a veszteségek alacsonyak maradjanak.

A Forex-kereskedés a kiszámított kereskedésről szól, miközben a tőkemegőrzést és a kockázatkezelést tartja szem előtt. Az Ön eredeti célja a piacon való túlélés. A túlélés az egyik legfontosabb dolog egy kereskedő számára, és ez az oka annak, hogy a tőkemegőrzést agresszív módon kell végrehajtani. A kockázat kontrollálása kell, hogy prioritást élvezzen a nyereségre való törekvés előtt. Inkább azt kell mérlegelnie, hogyan fogja elkerülni, hogy pénzt veszítsen a piacon, mint azt, hogy mennyi tőkét szeretne kivenni. Ahogy az általam tartott órákon mondom: "tegye a kudarcot túlélhetővé". Ezzel az alappal és megértéssel, amivel rendelkezik, továbbléphetünk a következő stratégiák felé.

A Barclays indexeket itt tekintheti meg:

http://www.barclayhedge.com/research/indices/cta/sub/sys.html

6. Fejezet:
A Nagyfiúk vs.
kis kereskedők

Ebben a fejezetben további betekintést nyújtok a pénzügyi piacokra, különösen az átlagos kis kereskedők és az intézmények közötti különbségekre.

Az ár átlagolásának nincs értelme

Amikor először kezdtem kereskedőként dolgozni, gyakran hallottam, hogy "átlagoljuk az árat". Kezdetben furcsán hangzott, és nem sok értelme volt számomra. Miért vennének az emberek többet egy értékpapírból, ha az árfolyama esik? Próbáljon meg racionális emberként gondolkodni, vajon befektetne-e több pénzt oda, ahol már veszteséget szenved? Nem, és az átlagos befektető számára sincs semmi értelme. Azt is mondták nekünk, hogy "csökkentsd a veszteségeidet, és hagyd futni a nyereségedet", és ez egy nagyon jó kereskedési stratégia. Egy másik korai lecke az volt, hogy legalább 1:2 kockázat/nyereség aránnyal kell rendelkeznünk. Opportunistaként a természetünkből fakad, hogy általában inkább akkor fogadunk, amikor a nyereségvárakozás nagyobb a javunkra. Ez különösen igaz akkor, ha tudjuk, hogy a befektetett pénzünket legalább megduplázzuk, ha igazunk van, és kevesebbet veszítünk, ha tévedünk. Még egy bolond, akinek csak egy banánja van, sem akarja feltenni, ha tudja, hogy nem fog legalább kettőt hozni, mi a kockáztatott összeg dupláját akarjuk.

Semmi sincs ingyen, még a vízért is fizetni kell

Ha talál egy jó receptet, és ha lépésről lépésre követi, akkor egy finom sütemény vagy egy finom étel lesz az eredmény. Azt mondták, hogy ha pontosan követi, akkor ezt az eredményt fogja kapni. Hasonló módon mi kereskedők/befektetők is azt tesszük, hogy azt hisszük, hogy ha könyveket olvasunk, vagy videókat nézünk, és egyszerűen követjük ezeket az utasításokat, akkor egy szilárd tervet kapunk, ami segít nekünk sikeressé válni. Amit azonban elfelejtünk, és ami néha szerepel ezekben a forrásokban, az az, hogy fizetnünk kell azért, hogy megtanuljunk kereskedni. A nyereség nem jár kockázat nélkül. Kockáztatnunk kell egy bizonyos összeget, hogy pénzt kapjunk a piacról. A hagyományos 1:2 kockázat/nyereség arányról a későbbiekben is fog olvasni. Amit ez kínál Önnek, az egy olyan szintű tudás, amely arányos a könyv árával. Nem valószínű, hogy valaki egy 25 dolláros könyvben kiadja a teljes kereskedési stratégiáját arról, hogyan válhat milliomossá vagy milliárdossá, miközben 1:2 kockázat/nyereség arányra tanít. Ez nem a teljes történet, az 1:2 aránynak megvannak az érdemei, de senki nem fog ilyen kereskedést folytatni, még a futóbolond is visszautasítja a 25 dolláros ajánlatot, ha ismer egy gyors meggazdagodási stratégiát, ami *valóban* működik. Ez egy másik ok, amiért ebben a könyvben SEMMILYEN azonnali meggazdagodásra vonatkozó állítás nem szerepel sehol.

A piacokon Ön áll szemben a tőzsdei világ többi tagjával, a győzelmi esélyek a legfelkészültebbek számára a legjobbak. Amikor valaki pénzt keres, akkor valaki a másik oldalon veszít valamennyit. Ez nem olyan, mint a saját kertünkben termesztett, saját kézzel szüretelt gyümölcsöket eladni, és azon profitálni. Ne feledje, hogy Ön pénzt vesz ki valakinek a zsebéből, és ezt a másik fél *nem* fogja egykönnyen megengedni. Manapság még a saját pénzfelvételnek is díja van a bankból, és igen, még a vízért is fizetni kell, ami egy ingyenes természeti erőforrás.

A probléma megoldása

Tegyük fel, hogy 4 évnyi szabadidejét, hétvégéit és éjszakáit arra fordította, hogy sikeres kereskedővé váljon. Elolvasott minden könyvet, ami csak eszébe jutott. Számos online forrásból informálódott, amelyeknek segíteniük kellene abban, hogy sikeres legyen, de semmi sem segített. Aztán elkezd azon gondolkodni, hogy mi lehet a baj a megközelítésével, amikor úgy tűnik, hogy másoknak jól megy. Az egyik döntő hiba a megítélésében az volt, hogy vakon bízott a befektetésről írt szakirodalom egy részében. Némi gondolkodás után arra a következtetésre jutott volna, hogy semmi sincs ingyen, és ha mégis létezik ilyen, akkor az túl szép ahhoz, hogy igaz legyen. Ezt tapasztalta egy kereskedő barátom. Ezután filozófiai könyvekkel kezdte bővíteni az olvasmánylistáját. A filozófusok kritikus gondolkodók, ez segített neki kritikussá válni és másképp gondolkodni, ami kereskedőként nagyszerű tulajdonság.

Ha jól emlékszem, a barátom még az orvosokban sem bízik. Sok ember számára az orvosok az egyik olyan szakma, amelyben a leginkább megbíznak. Valószínűleg jobban megbízik egy orvosban, mint egy bankárban. Ez a bizalmi impulzus nem olyan egyszerű, mint gondolnánk. Az egészségügyi szakirodalom, akárcsak a pénzügyi szakirodalom, szintén empirikus tanulmányokon és megállapításokon alapul, ahol van egy hipotézis, amelyet megpróbálunk elvetni vagy bizonyítani. Egy okot próbált összekapcsolni egy egy eredménnyel. Ha A-t cselekszünk, akkor B fog történni. Ne feledje, hogy ezek a tanulmányok, észrevehető számokban, sok véletlenszerűségnek vannak kitéve, amelyet a szerzők valószínűleg megpróbáltak "eladni", vagy az eredményekhez illeszkedő elméletet felállítani. Ez arra a mondásra emlékeztet, hogy: "Ha megfelelően kozmetikázod az adatokat, azt fogják mutatni, amit te akarsz". Ezekben a tanulmányokban is 5% esély van arra, hogy az eredmények tévesek vagy nem szignifikánsak. A tanulság az, hogy legyünk alaposabbak, és ne fogadjuk el az információt racionális értékelés nélkül, mielőtt döntést hoznánk.

Hogy megerősítsem a mondandómat, próbáljon meg részvényt vásárolni (egy demószámlán), amikor legközelebb egy pénzügyi újságban egy tőzsdén jegyzett vállalat által bejelentett megnövekedett nyereségről van szó. Ez gyakorlati megértést fog nyújtani arról, amiről írok. Sokszor láttam már, hogy egy részvény az ilyen "jó" hírek után zuhan. Ki jár ezzel pórul? az átlagbefektető, ki keresi a pénzt? Természetesen a szakemberek, ezért ajánlom ezt a gyakorlatot, hogy kritikusan gondolkodjunk és tanuljunk azoktól, akik kereskednek. Warren Buffet például arról ismert, hogy jó befektetési döntéseket hoz, amelyeket Ön is lemásolhat, de ugyanazokkal a célokkal kell rendelkeznie, mint neki. Ő egy hosszú távú értékbefektető.

A kellemetlen igazság

Ez az igazság arra vonatkozik, hogy a professzionális fedezeti és nyugdíjalapok hogyan kereskednek a pénzükkel. Azoknak, akiknek más nézőpontra van szükségük, javaslom, hogy nézzék meg a "A nagy dobás" (The Big Short) című filmet. Ha nincs ideje a teljes filmre, megnézheti a YouTube-on az előzeteseket, hogy képet kapjon arról, miről is van szó. A filmben a nagy befektetési alapok eladtak és még többet adtak el, amikor a kezdeti pozícióik veszteséget szenvedtek. Ezek a piaci szereplők azért tudták tartani a pozícióikat, mert kölcsönt vettek fel a fedezeti követelményekre. A filmben részletezték, hogy ezek az emberek hogyan kerestek dollármilliárdokat a legutóbbi pénzügyi válságban. Kezdetben shortoltak, és amikor a piac feljebb ment, még többet shortoltak a magasabb árfolyamon, egyébként nem használtak stop-loss-t.

További információ a stop-lossokról. Az olyan befektetők, mint Warren Buffet, nem a stop-lossok világában tevékenykednek. Nem keresik a kiszállást egy hosszú pozíció árfolyamának csökkenésekor. Buffet és az intézményi kereskedők nem használnak stop-lossokat, és ezt meg is engedhetik maguknak, mert mély zsebük van. A befektetési alapok hosszú ideig maradhatnak egy veszteséges kereskedésben, mert az csak egy kis része a nagyobb portfóliójuknak, és szinte elképzelhetetlen mennyiségű tőke áll rendelkezésükre a fedezeti követelményekhez.

Ez a "Marketwatch" egyik cikkéből származik, amely arról szól, hogy Buffet még többet vásárolt az eladásra javasolt részvényekből:

Warren Buffett megmutatta, hogy a Wells Fargo & Co. részvényeinek idei eladása csak még jobban megszerettette vele a bankóriást, mivel a szabályozói bejelentések szerint 504,3 millió részvényre növelte részesedését a vállalatban.

A Wells Fargo WFC, -0,23%-os részvénye kedden 1,3%-ot esett, ami arra utal, hogy Buffett körülbelül 327,8 millió dollárt veszített a részvényén a nap folyamán.

Link a cikkhez: http://www.marketwatch.com/story/warren-buffett-buys-more-wells-fargo-stock-on-a-dip-2016-03-29

A guru képes volt arra, hogy egy nyitott pozícióban 327,7 millió dolláros veszteséget könyveljen el, anélkül, hogy az aggodalom jeleit mutatta volna, tovább növelte a részesedését. Az átlagos befektetőnek nehéz lenne higgadtan gondolkozni egy néhány ezer dolláros (USD) veszteséges pozíció esetén. Remélhetőleg most már világosabbá válik a különbség. Engedje meg, hogy tovább magyarázzam, hogy a dolgok mennyire különböznek, amikor egy átlagos befektető kereskedik, és amikor a nagy intézmények kereskednek.

Átlagos kereskedő:

Olyan értékpapírban nyit hosszú pozíciót, amely túl nagy kockázatot jelent a teljes portfóliójából. A kereskedőnk tudja, hogy ha ez az értékpapír egy bizonyos összeg alá esik, az árt a számlájának, és kiszáll belőle. Továbbá, ha nem zárja a pozíciót, akkor nem lesz elegendő tőkéje a további kereskedésekhez. Ennek a forgatókönyvnek az elkerülése érdekében a stop-loss végrehajtásra kerül, és a kereskedésből veszteség keletkezik. Befektetőnk talál egy új értékpapírt, és megismétli a stratégiát.

A Nagyfiúk:

Van kereskedési tervük, portfóliójuknak jellemzően csak egy kis részét fektetik be egyetlen értékpapírba, és van kilépési stratégiájuk. A kereskedésükről "mi lenne, ha" elemzést is végeztek, mielőtt megnyitották volna azt. Ha hosszútávon gondolkoznak, és az értékpapír esik, az egy potenciális jackpot számukra. Ezek az intézmények többet vásárolhatnak alacsonyabb áron, majd újra vásárolhatnak, esetleg megduplázhatják a kezdeti pozíciójukat. Ha minden balul sül el, és a bróker jelzi, hogy további tőkére van szükség, akkor egyszerűen kölcsönkérnek pénzt a hálózatukból, vagy tárgyalnak a követelményekről.

Mire nem képes a legtöbb (nem minden), kisebb és tapasztalatlan kereskedő? Először is, nem képesek könnyedén hatalmas összegeket kölcsönkérni, másodszor pedig, ami még rosszabbá teszi a helyzetüket, hogy általában nincs kilépési stratégiájuk vagy kereskedelmi tervük. Sokan csak meg akarnak nyitni egy pozíciót anélkül, hogy sokat gondolkodnának rajta.

7. Fejezet:
A Martingale-stratégia magyarázata

tt kiemelek és elmagyarázok egy technikát, amely 5-6 év alatt elképesztő nyereséget hozott a tesztünkben. Az eredmények a fejezet vége felé derülnek ki!

Az általunk vizsgált stratégiát Martingale-nek hívják. Alapvetően azt követeli meg, hogy növelje a tételméretet, és vásároljon többet, amikor a kezdeti pozíciója a pirosban van. Szüksége van némi távolságra a megbízások között, hogy a kereskedésének legyen némi mozgástere. Egyébként ezt a stratégiát a szerencsejátékosok is használják, csak a teljes körű tájékoztatás és figyelmeztetés érdekében.

Ez a Martingale technika már egy ideje érdekel, de nehéz volt teljesen megérteni a technikát csak manuális kereskedéssel. Ezért a kollégámmal írtunk egy szkriptet és létrehoztunk egy algoritmust. Volt egy belépési jelünk, ami valójában rossz volt, és emellett volt egy take-profitunk is. Az alkalmazott időkeret 30 perc volt, a tételméret 0,01, a kezdőegyenleg pedig 10 000 USD.

A kezdeti kereskedés végrehajtása után 5 eladási limit függő megbízást helyeztünk el a belépési jelünk felett.

A grafikonon látható, hogy az egyik függőben lévő megbízást kiváltották, és gyorsan utána mindkét megbízást a break-even értékén zárták.

Íme egy másik példa a stratégiánkra.

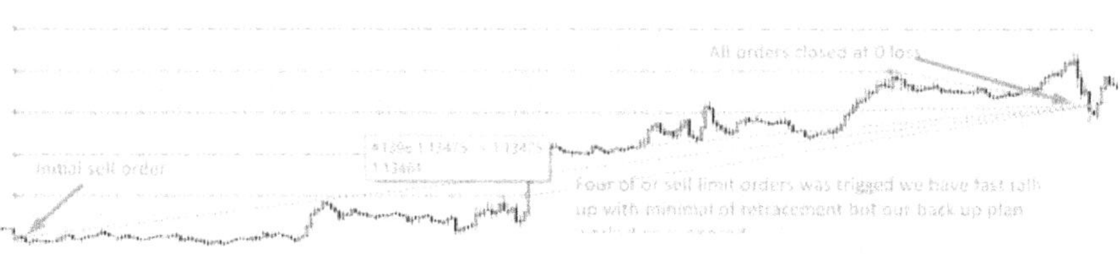

Itt van két záró mechanizmusunk, az egyiket csak akkor használjuk, ha a kezdeti megbízás megnyílt, ez a stratégia ravasza, a másikat akkor használjuk, ha az egyik függő megbízás kiváltja, akkor bezárjuk, ha a teljes nyitott nyereség 0, vagy a break-even értékével azonos. Láthatjuk, hogy a veszteséges pozícióhoz való hozzáadást tartalékként használjuk, ha tévedtünk. Nem optimalizáltam semmit, a tesztpár EURUSD volt, az időszak pedig 2010.01.01. – 2010.10.26. volt.

A következő eredményeket kaptuk:

	Average profit	Sum profit	Winning trade	Total trades	Standard dev	Relnumber
0.1 Startoning lot	45	20066	244	450	307	3
0.9 Starting lot	401	180598	244	450	2763	3
0.9 Starting lot and stoploss	207	86784	227	419	2710	1.6

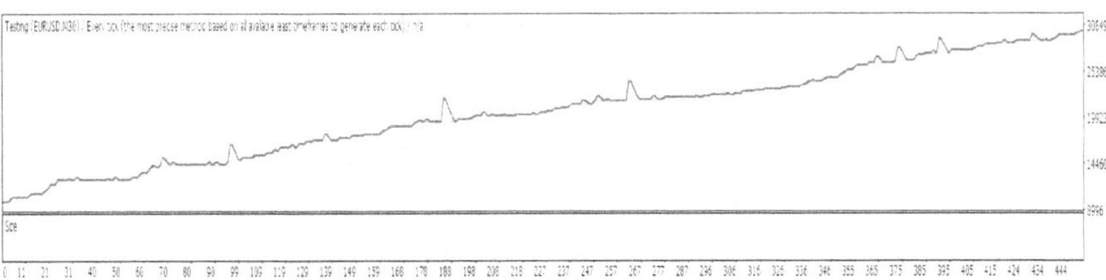

kezdő tétel mérete: 0.1

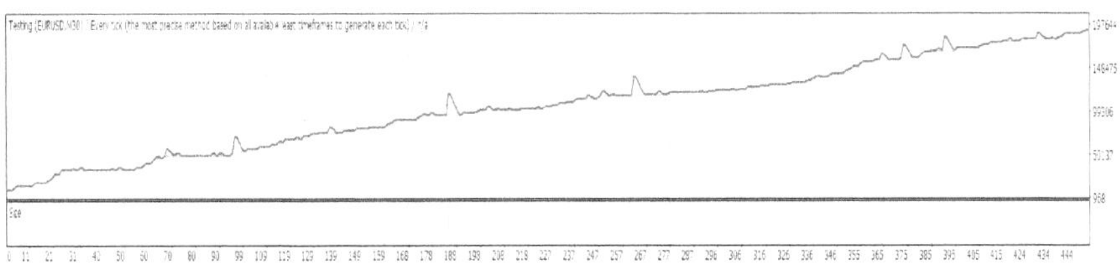

kezdő tétel mérete: 0.9

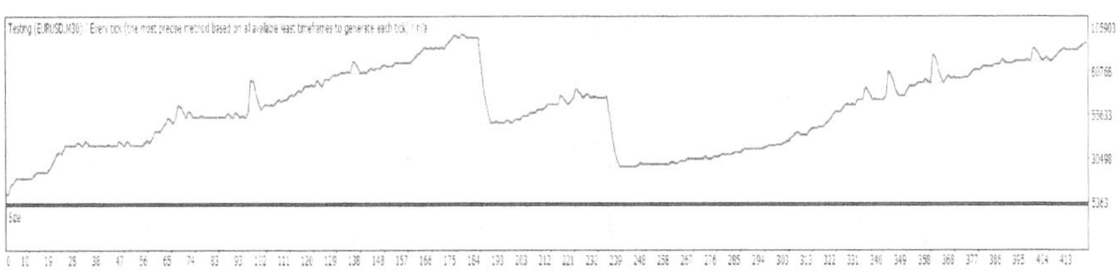

Stop-loss az ötödik függő megbízás helyett

Teszteltük alacsony és magas kockázatúként is. Az alacsony kockázatú tesztben a kezdeti kereskedés 0,1-es tételméretű, a magas kockázatú tesztben pedig a kezdeti tételméret magasabb, 0,9-es. A 0,1-es tétnél körülbelül 200%-os hozamot értünk el egy 5 éves időszak alatt, átlagosan 40%-os éves hozammal, a magas kockázatúnál pedig még jobb hozamot értünk el az 5 éves időszak alatt. Láthatja, hogy a részvénygörbe lineárisan nőtt, ami szintén jó, nem tapasztaltunk visszaesést.

Mi lenne, ha egy biztonsági hálót is beépítenénk, hogy megakadályozzuk a számla teljes eltörlését? Amit tettem, az volt, hogy a 4 függő megbízásom van, és az utolsó függő megbízást egy stop-loss megbízással módosítottam, ami azt jelenti, hogy e szint felett az összes nyitott megbízás lezárásra került volna. Kisebb nyereséget láttam, de 2010 óta 800%-os növekedést értünk el. Azt is láthatja a grafikonból, hogy volt néhány nagyobb visszaesésünk, számomra ez egy jó stratégia, ahelyett, hogy egy másikat állítanék be, mert úgy csak átlagos szintű összeget érhettünk volna el. Egy bizonyos mértékű kockázatot elviselek, de 10.000 USD-nél többet nem kockáztattam volna, ha ebbe a stratégiába akartam volna befektetni.

Összefoglaló

Látjuk, hogy ha úgy akarunk kereskedni, mint a nagy bankok, akkor ki kell dobnunk a stop-loss mentalitást. Amikor az intézmények vételi üzemmódban vannak egy értékpapírral kapcsolatban, akkor *tényleg* hosszútávon gondolkoznak, és ha az értékpapír lefelé megy, akkor egyszerűen többet vásárolnak belőle egy alacsonyabb szinten. Ritka, ha egyáltalán használnak stop-loss-t. Azért működnek stop nélkül, mert megtehetik. Amit a kisebb kereskedők megkockáztathatnak, az egy tőkeemelés vagy egy stop-out, ha az értékpapír soha nem megy vissza az előző szintjére. Amit tehetünk, az esetleg stop-loss használata mellett, ahol csak 4 eladási limit megbízást adunk, de ha az árfolyam még tovább emelkedik, akkor egyszerűen lezárjuk az összes megbízásunkat és vállaljuk a veszteséget. Ha passzív befektető lennék, akkor inkább ezt a technikát választanám, mint hogy a brókerek mindig stop-vadászatot folytassanak, és elveszítsem a kereskedési. Ezt a stratégiát meg kell fontolni, de lehetőleg alacsony kockázattal, kis tételméretekkel és egy szélesebb portfólió részeként. Nézze meg a részvénygörbe folyamatos növekedését, soha nem volt visszaesésünk, ami jó jel arra, hogy pénzt keressünk, pont úgy, mint a nagy kereskedők.

8. Fejezet:
Befektetés a győztesekbe - Hogyan kezelik a profik a kereskedéseiket?

Mint láttuk, a Martingale-stratégiát követők egyszerűen még többet vásárolnak, amikor a piac ellenük fordul. Van egy másik stratégia is, az úgynevezett Anti-martingale. Ennek végrehajtásához meg kell duplázni vagy megháromszorozni a befektetést, amikor nyereségben van. A mi forgatókönyvünkben Ön belépett a piacra, és egy 50 dolláros belépési árral rendelkező részvényt vásárolt meg. Van egy előre meghatározott szabálya is, hogy ha a piac 55 dollárig mozog, akkor az első kereskedés stop-lossát a break-even értékére helyezi, és egy másik kereskedést nyit dupla tételmérettel. A célár mindkét kereskedésnél 60 dollár lesz.

A stratégia előnye, hogy ha helyesen jár el, sokkal több pénzt fog keresni, mint amennyit veszít, ha téved. A piacnak nem kell annyit mozognia, mert megnövelte a kereskedési összegét. Ezt úgy hívják, hogy "befektetés a nyertesekbe". A hátránya az, hogy ha a piac a második vagy az ötödik megbízás kiváltása után megfordul, akkor most további megbízásokkal kereskedhet, és nagyobb veszteségeket fogsz tapasztalni.

Scenario 1

Trades	Amount	Price	SL	TP	Result
1	0.0100	1.5610	1.5600	1.5590	-10
Total					-10

Scenario 2

Trades	Amount	Price	SL	TP	Result
1	0.0100	1.5610	1.5600	1.5590	0
2	0.0300	1.5600	1.5610	1.5590	-30
Total					-30

Scenario 3

Trades	Amount	Price	SL	TP	Result
1	0.0100	1.5610	1.5600	1.5590	20
2	0.0300	1.5600	1.5610	1.5590	30
Total					50

1. forgatókönyv: Csak az első kereskedést indítjuk el, és a stop-loss aktiválódik, ha -10 veszteségünk van.

2. forgatókönyv: Mindkét kereskedés beindul, de az első kereskedés stop-vesztesége break-even-re változik, de ha a második kereskedés stop-vesztesége beindul, akkor -30-as veszteséget kapunk.

3. forgatókönyv: Mindkét kereskedés elindul, és mindkettő eléri a take profitot, így összesen 50 nyereséget kapunk.

Belépési jel

Ha magasan a Bollinger szalag felett van és az utána lévő határérték az előző zárás alatt zár, akkor short ügyletet nyitunk. (lásd a grafikonon)

Kereskedelmi menedzsment

Ha az ár 100 pip fölé emelkedik, lezárjuk a kereskedést. Ha az árfolyam a belépési árfolyamhoz képest 100 pip alá megy, akkor egy második kereskedést nyitunk az első kereskedés összegének kétszeresével, és az első kereskedés stop-lossát is break-even-re módosítjuk. A második kereskedés stop-loss értéke megegyezik az első kereskedés belépési árával, ami 100 pip. Mindkét pozíció take-profitja 200 pip az első kereskedés belépési helyétől viszonyítva. Volatilitás alapú távolságot használtunk, a megbízások közötti távolságunk a napi volatilitás függvénye. Ez azért fontos, mert, mint már említettük, a volatilitás különböző időpontokban eltérő.

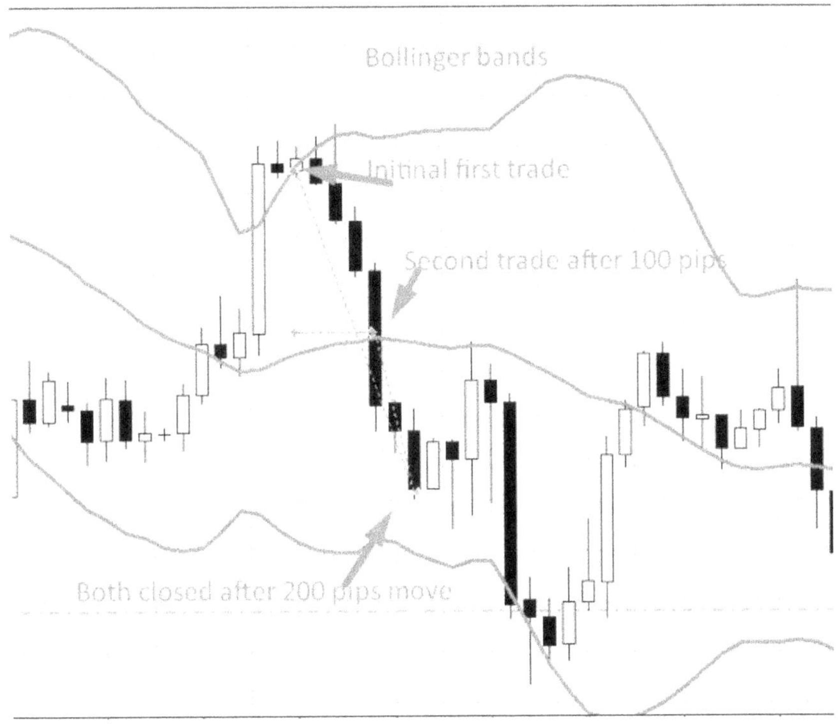

A fenti kép illusztrálja a belépési jelünket és a kereskedés irányítását.

Vizsgált valutapár: EURUSD

Vizsgálati időszak: 2009.01.01. – 2016.01.01.

Kezdő egyenleg: 10,000 USD

Időkeret: 4 órás grafikon

Vizsgálati eredmények:

Average profit	Sum profit	Winning trade	Total trades	Standard dev	Relnumber
27	8949	140	330	206	2

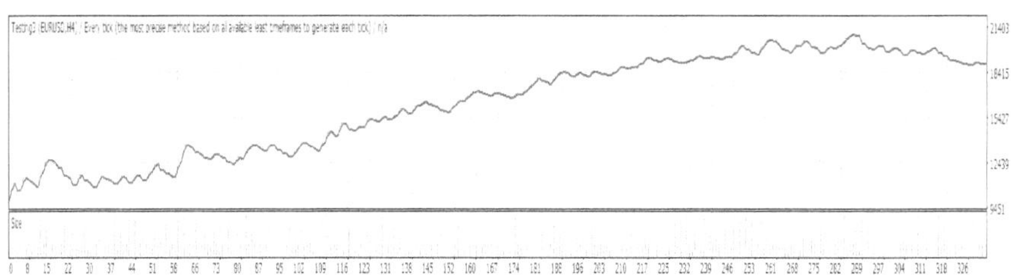

7 év alatt körülbelül 90%-os nyereséget értünk el, az összesen 330 kereskedésből 140 volt nyereséges. Láthatja, hogy a tőkegörbe is folyamatosan növekszik, ami jó. Van néhány veszteségünk és néhány nyereményünk, de átlagában nézve pénzt keresünk.

Összefoglaló

Megállapíthatjuk, hogy ez a kereskedelemkezelési eszköz jó módja annak, hogy olyan kereskedéseket kezeljünk, amelyek nem rendelkeznek jó nyerési profillal. A részvénygörbéből is láthatjuk, hogy nem tapasztalunk hatalmas visszaeséseket. A legfontosabb, hogy a megbízások közötti távolságot a volatilitás függvényében kell biztosítania. Ezt a stratégiát akkor érdemes megfontolni, ha alternatívát keres a hagyományos 1:2 vagy 1:3 kockázat/haszon arány helyett. Sok profi kereskedő használja ezt a stratégiát nagy sikerrel a tőzsdén.

Összegzés

Köszönjük, hogy végigolvasta a Szakértő Tanácsadói és Forex Kereskedői Stratégiák című könyvet. Reméljük, hogy informatív volt, és hogy képes volt néhány további eszközzel ellátni Önt, amelyek segítenek a kereskedési céljai elérésében. Következő lépésként, ahogy azt mindig javaslom a könyveimben, hogy cselekedjen! Hozzon létre egy demószámlát a kedvenc kereskedési szolgáltatójánál, és tesztelje a stratégiákat, amíg el nem éri az eredményeket, amelyeket látni szeretne, mielőtt megnyitná az élő számláját!

A többi könyvem, amelyek bizonyítottan segítik a kereskedőket és a befektetőket, a következők: A *Forex technikai elemzésének magyarázata* és az *Expert Advisor programozása kezdőknek: Maximális MT4 Forex nyereség stratégiák.*

A szerző profilja

Wayne **Walker** egy globális tőkepiaci oktatási és tanácsadó cég (gcmsonline.info) vezetője. Több éves tapasztalattal rendelkezik befektetési tanácsadói csapatok vezetésében és felkészítésében, és a Bench Mark Earnings (BME) alapján a legjobban teljesítő csapatokat irányította a privát ügyfélcsoportban.

www.ingramcontent.com/pod-product-compliance
Lightning Source LLC
Chambersburg PA
CBHW061628130726
47996CB00003B/1167